Los renglones torcidos
(2015-2023)

RICARDO LABRA

Los renglones torcidos (2015-2023)

Ediciones Trea

TREA AFORISMO

Primera edición: septiembre de 2024

© Ricardo Labra, 2024

© de esta edición:
Ediciones Trea, S.L.
María González la Pondala, 98, nave D
33393 Somonte-Cenero. Gijón (Asturias)
Tel.: 985.303.801. Fax: 985.303.712
trea@trea.es | www.trea.es

Dirección editorial: Álvaro Díaz Huici
Producción: Patricia Laxague Jordán
Dibujo de colofón: Javier del Río
Impresión: Podiprint

Depósito legal: AS 00755-2024
ISBN: 978-84-10263-07-9

Impreso en España — *Printed in Spain*

Índice

Sobre estos aforismos

He leído muchos libros, también he dado muchos pasos.
Estos aforismos son testigos poco silenciosos de mis lec-
turas durante estos últimos años, pero sobre todo de mis
merodeos literarios. Franz Kafka, uno de los reconocidos
hipocondríacos de nuestra literatura europea, auscultó el
mundo escuchando su enjuto cuerpo. Su literatura surge
de su morboso aislamiento, no precisó más para descubrir
algunos de los recónditos resortes que asolaban —y toda-
vía desuelan— a sus contemporáneos. Robert Walser, por
el contrario, en su voluntariosa reclusión dijo con extrema
lucidez, creo que a Carl Seeling, que «los manicomios
eran los conventos del siglo xx». Estos dos escritores esta-
blecen una inquietante paradoja entre el retiro espiritual
—otra vez tan valorado, últimamente— y la creatividad
literaria, por cuyos insondables márgenes siempre tran-
sita la locura y la inspiración. Robert Walser, contra toda
tradición y lugar común, siguió el camino inverso de la
creación literaria, decidiendo aislarse y volverse loco para
no escribir, para abandonar definitivamente el traje raído
de escritor sobre la blanca mortaja de la nieve. Son dos

ejemplos antagónicos, aunque, al mismo tiempo indefectiblemente complementarios; de hecho, Robert Walser anticipa la escritura de Kafka, y las dos mutuamente se esclarecen. Esto lo sabía muy bien Elias Canetti, de ahí su fascinación por estos dos autores en los que se ejemplifica la afirmación nihilista y la escéptica negación de la escritura. Cito a Elias Canetti con satisfacción, porque sus aforismos siempre me han servido de estímulo y de inspiración para la escritura de *El poeta calvo* y para estos *renglones torcidos*, que no dejan de ser una continuación de los anteriormente reunidos.

Un aforismo es como una pincelada, casi impresionista, en el vasto mural sobre el que se proyectan las afirmaciones y las negaciones de un escritor. El lector —ya sé que vuelvo a Jorge Luis Borges— decidirá si en *Los renglones torcidos* encuentra las desnudas aflicciones de quien suscribe o el esbozo literario de una época.

Ricardo Labra

Cuaderno número cuatro
(2015-2017)

A veces, ante el espejo, tiene que parpadear varias veces para recuperar su rostro y dejar de ver el de su padre.

*

La precaria identidad del presente.

*

La culpa, el miedo, la esperanza. El dominio del avispero.

*

Nunca fue un escritor de los que ponen su firma en cálidos manifiestos. Nunca fue un escritor «solidario», precisamente por solidaridad.

*

Le escandalizan los escritores solidarios que ponen voz impunemente a las miserias de los demás. Ventrílocuos del poder.

*

La pobreza, la enfermedad, la opresión, la angustia, la soledad… El mercado del arribismo literario.

*

Después de muchos años cortó el pelo y la barba que le caracterizaban. Tenía algo de pollo desplumado.

*

Le gustaba contar la historia de su vida, con pocos pelos y muchas señales. La triste venganza de un secundario.

*

Resistir el inclemente cerco de los contemporáneos, el insistente asalto de los narcisos.

*

El dedo acusador de los Robin Hood de la literatura. El dedo atusador.

*

La casa de un artista. El sarcófago de un exhibicionista.

*

Escribe mucho, quizá demasiado, siempre en busca de la página memorable que redima sus escritos.

*

Muerde a quien le ensalza, canta a quien le olvida.

*

Tenía un traje de poeta como el torero un traje de luces. Sus gestos eran tan enfáticos como sus palabras.

*

Prodigaba tanto afecto a sus contemporáneos que era fácil comprender que solo se quisiese a sí mismo.

*

El otro Midas. Todo lo que toca se convierte en barro.

*

Gala de premios, la exaltación de las miserias humanas.

*

El hombre que escucha la voz del pueblo puede escuchar la voz de Dios. Los absolutismos tienen estos visionarios.

*

El hombre que escucha la voz de Dios puede interpretar los designios de su pueblo. Los fundamentalismos tienen estos visionarios.

*

Los valores colectivos y su valor en el mercado plutocrático.

*

El doblez del sacrificado, al fin santificado.

*

El carnaval de los artistas y sus sueños elitistas. Las máscaras de los cortesanos.

*

Un hombre honrado. La quiebra del sistema.

*

La noble causa de los políticos profesionales, el agradecimiento sempiterno de sus deudos.

*

El poder literario siempre sabe cómo castigar a sus insurrectos.

*

El bárbaro que lleva dentro y que le amenaza con sus devastaciones, sus oprobios y sus incendios.

*

Qué poca consideración merece la tarea del escritor en esta época. Los demonios del mercado y los demonios mediáticos han logrado corromper cualquiera de sus fundamentos.

*

Los que se aprovechan de los pobres explotándolos y los que los explotan defendiéndolos. La *dolce vita* de los adalides de sendos mercados.

*

Nada en la realidad se aproxima a lo anhelado. La tragedia del platonismo.

*

La ecuación de la luz y sus sorprendentes resultados.

*

La máscara que le defiende, la máscara que le reafirma, la máscara que le otorga su identidad.

*

La última máscara, el temblor del cautivo.

*

Las letras borradas, sumergidas en el lodazal del tiempo.
El arqueólogo que las recupera y trata de dilucidarlas.

*

Luz y color, los sonidos de un violinista ciego.

*

La ciudad que perdió los hábitos y se hizo habitable.

*

Ministros de la iglesia mediática, santones del énfasis y la
vehemencia.

*

Él ha perdido la fe en la condición humana, entonces ¿por
qué arremete contra ella?

*

Él se reafirma negando a los demás. Se ha convertido en
el negador de los que niegan.

*

Tiene la altanería de los derrotados, cada golpe que provoca lo dignifica.

*

Un hombre que no espera nada de los demás porque se alimenta de renuncias.

*

Le inquietaban las ruinas y sus contagiosas sombras malévolas.

*

Las ninfas de este tiempo: la representación, la simulación y la escenificación. Detrás de sus hipnóticos velos no hay nada, solo la oscuridad impera.

*

Alguien cuenta los pesares de su vida, mientras sus ojos afiebrados brillan en la oscura noche. El hombre que le escucha asiente, y ese gesto apenas perceptible basta para redimirlo.

*

La arena del desierto y la aridez de una vida que sueña con su oasis.

*

El licántropo. Siempre huyó del éxito como el que rehúye de la ebriedad, pero algunas noches se emborracha bajo la luna y se transforma en un lobo ególatra.

*

La máscara siempre se vuelve rostro. La ductilidad de los estereotipos.

*

Caminaba por el casco antiguo de la ciudad, como superviviente de su antigua belleza.

*

Era rico, astuto y perverso. El tiempo lo había derrotado.

*

El hombre que busca los significados profundos de las palabras que iluminan su penumbra.

*

El hombre que solventa sus deudas y comienza a mirar de frente a los demás.

*

Lee a Shakespeare en un rincón de su casa. El milagro de la literatura y de la materia que niega la oscuridad.

*

Un hombre hecho de verdades que no soportan los espejos.

*

El escritor de diarios. Su narcisismo se transformó en objeto de su estudio.

*

Rostros, muecas, rictus, signos, gestos, surcos…

*

La lámpara del éxito que ilumina al triunfador, cuyos destellos borran las dudosas sombras de su biografía. La tenebrosa luz que acecha al perdedor, degradando con sus sombras cualquier prístino destello de su biografía.

*

Un edificio en el que la luz desafía permanentemente a la penumbra.

*

Acariciaba los libros voluptuosamente. ¡Qué sería de su vida sin ellos! La carnalidad del espíritu le subyugaba.

*

Ahora que ya nada importa, se daba cuenta. Ella siempre había estado a su lado con una calculada distancia. Él, tan imprudente en otras ocasiones, jamás osó cruzarla.

*

Había dejado atrás sus ambiciones personales y la de sus seres más queridos. Como buen esclavo ahora solo tenía una ambición: cumplir los deseos de su lector imaginario.

*

El poeta como intérprete de los dioses, el poeta como intérprete de la sociedad.

*

Un hombre que trata de dilucidar sus sombras.

*

Entre la subversión platónica y la catarsis aristotélica. La literatura como bandera o pañuelo.

*

El sueño diurno del durmiente que dialoga en silencio con los despiertos.

*

La herida narcisista de la literatura, espejo incesante de su hemorragia.

*

El pacifista. Siempre en guerra consigo mismo.

*

Aquí yace el olvido. Nadie escribió más páginas.

*

Uno de esos hombres que cree pensar por sí mismo sin ver a los propietarios de los gruesos cristales que translucen sus pensamientos. Pájaro enjaulado en la pajarera.

*

La crisálida del tiempo / le puso alas de mármol. // Nada de él permanece.

*

Se elogiaba a través de los demás. Su generosidad en el elogio no conocía límites.

*

Tenía raíces andariegas, y sus hojas el amable color del instante.

*

Buscando el beneficio de los demás encontró el beneficio propio. El altruismo final de todo desheredado.

*

Las máscaras de los declarados felices y su imperturbable exaltación de la felicidad. La repulsión que le producen los poseídos.

*

«Desconocen la verdad» —aseveró el zoólogo con gesto taciturno—, «su angustia es instintiva».

*

Solo los incapaces son capaces de llevar a efecto las más sombrías tribulaciones.

*

Es un triunfador, trata de que todos lo sepan.

*

Jamás quiso ser un asceta, pero nunca halló el camino que lo sacara del desierto.

*

Encuentro. ¡Cuántas veces en su juventud había utilizado con ilusión esa palabra! Ahora la rehúye, por aversión a los encontronazos.

*

Un hombre que prodiga los discursos de gratitud, pagado de sí mismo.

*

Permanece en el mismo lugar del que los demás partieron. Su destino es la afirmación de los otros.

*

Toda la sombra de una vida a la sombra.

*

El escritor longevo que contempla su posteridad. La realidad de sus libros, la ficción de su existencia.

*

Todo desaparece en la niebla. / Ya nada ahora / en este instante neblinoso. / Solo la espesa niebla que nubla los ojos.

*

Una lectura inmanente, una lectura disidente.

*

Los libros en los que deshojó su inocencia, los libros en los que adiestró su mirada de cazador de instantes.

*

El éxito de una vida no está en elegir bien un destino, sino en saber liberarse de los penosos dictados que cualquiera de ellos impone.

*

El taxidermista y su morbosa inclinación de perpetuar el vuelo de los pájaros. El tiempo es un cazador implacable.

*

Una evocación de Kafka. La puerta de la justicia, la puerta de la belleza. Todas las puertas cerradas.

*

Otra vez a vueltas con Heráclito. El fluir permanente del agua que niega su permanencia.

*

El superviviente. Le robó los zapatos condenándolo a una muerte segura. Siempre queda alguien para callarlo.

*

Sobre premios y honores. Nadie recibió más premios Nobel que el rey de Suecia.

*

La mayoría de los turistas del mercado global regresan del mismo lugar. El entusiasmo infantil por lo lugares comunes.

*

Un hombre habita en el sótano de su memoria. Tiene una lámpara encendida y un libro abierto. Trata de dilucidar el enigma de sus pasos.

*

Lo peor que puede pasarle a un escritor no es que pierda su fe en las palabras, sino que se muera en su imaginación su lector ideal. Cuando esto sucede, se quiebra definitivamente su escritura. Y todo lo escrito deja de tener sentido.

*

Detesta la violencia, la confrontación cuerpo a cuerpo, porque siempre lleva a la fatalidad y al arrepentimiento.

*

La obscena coreografía de los actos violentos. Su previsibilidad trágica.

*

Nadie sobrevive dos veces en el mismo recuerdo.

*

Una sociedad que ha sustituido los confesionarios por las farmacias para continuar reafirmándose moralmente con las penitencias impuestas por sus nuevos sacerdotes.

*

Una sociedad sin sacerdocios, la utopía de los heterodoxos.

*

Los pasos del cazador, la sangre de la gacela.

*

Su aversión a los actos solemnes.

*

El pentagrama de la realidad. Las notas olvidadas, su silencio.

*

El poeta explica su poema. ¿Dónde está el poema que explica?

*

Lectura poética. El poeta no cesa de leer sus poemas, él también carece de medida.

*

La ley del viaje. Nadie puede volver al mismo puerto. Cualquier evocación es lo más parecido a un regreso.

*

Todos los muertos del pasado lo reclaman. Ahora es él su única iluminación.

*

A veces se venga, no recordando.

*

Las dos caras del olvido. El dichoso placer de no ser nunca recordado.

*

Esta noche escucha el ladrido de los perros cada vez más cerca, persiguiendo su rastro. ¿Qué puede hacer?, no tiene donde refugiarse. Su pasado le asola.

*

Las Parcas. Tres tejedoras, la imagen de su actividad sigue estando vigente, como metáfora del artificio.

*

Siempre vivió lejos de su patria sin cambiar nunca de ciudad. Nació y murió en el exilio.

*

La lucha con el lenguaje, la lucha contra el olvido.

*

Un monje reza a la sombra de un ciprés. Las lágrimas del penitente riegan la tierra seca y renegrida. El árbol no cesa de crecer.

*

El erudito. Su piel cerúlea y cuarteada recordaba la textura de un viejo manuscrito. Como cualquier campesino, él también tenía el color de la tierra que trabajaba.

*

Dormía la siesta en un diván. Sus siestas eran psicoanalíticas.

*

Las dos caras del reverso. Sombras de sí mismas. // El poeta contempla / su sombra. // Sombras de sí mismas. // El poema dilucida / su sombra. // Sombras de sí mismas, // efímeras y tenaces sombras.

*

Las hordas convencionales de turistas convencionales; más que bárbaros, indigentes culturales en su maniático afán de fotografiarlo todo.

*

Los ditirambos colectivos organizados por un Dionisio cuerdo.

*

La extrema subjetividad de los objetivos.

*

Los sólidos principios de los finales evanescentes.

*

Él, decía, tenía una herida que sangraba por los demás; por eso sus palabras eran sanadoras.

*

El ángel que le abrió la puerta de su camino, el demonio que le cerró la puerta del suyo. La cara y la cruz de dos destinos.

*

Su fascinación por los armarios, por su oscura complicidad.

*

Su pasión por las relaciones semánticas y sintácticas.

*

El melómano. Ama la música como el animal sombrío la luz del sol.

*

Ítaca solo brillaba como un lejano recuerdo sobre sus opacas calles. Esa fue la impresión que tuvo al ver su pueblo después de cuarenta años de larga ausencia. Enseguida supo que aquel regreso no acababa con su exilio.

*

En el pueblo se encontró con un amigo de su infancia. Los dos hablaron de su patria perdida, dibujando por las mismas calles otras calles imaginarias.

*

Borges era el Minotauro. El laberinto aún tenía muchos secretos para él, a pesar de haberlo construido día a día con sus pasos. Alguna noche estrellada, bajo la redonda luna de los astrónomos, contemplaba sorprendido la vastedad de sus sinuosos arabescos. Desconocía la finalidad por la que lo había construido, incluso los caminos por los que pudiera desandar sus huellas. Solo sabía que estaba condenado a perderse en él para siempre.

*

Su fascinación por indagar en los espejos, la línea oculta de ese rostro.

*

Las mil y una ciudades. Viajaba de ciudad en ciudad, como el animal que huye de la sombra de su cazador.

*

Un hombre que sobrevive con la complicidad de su conciencia.

*

Siempre hablaba de sí mismo, sobre todo cuando hablaba de otros escritores.

*

El boudoir. Narciso retocándose el rostro en el espejo de sus modelos literarios.

*

No lo mató la literatura, sino su emulación.

*

Cada vez se parecía más a Hemingway; no en su modo de escribir, sino en su manera de beber.

*

El ángel que todos ven en él, el demonio que mueve sus alas.

*

El piadoso. Solo aspira a encontrarse con Dios, después de sus permanentes desencuentros.

*

Un país en el que los defensores de la justicia social son millonarios.

*

In memorian. Se volvió alada, una vez despojada de la pesada carga de su cuerpo.

*

Un escritor suele elogiar con dificultad el libro de otro escritor coetáneo, salvo que no lo haya leído.

*

Un escritor que elogia con descaro el libro de otro escritor coetáneo, signo inequívoco de lo poco que le importa el libro y el escritor.

*

A vueltas con Homero. Un poeta es un ciego que ve.

*

El poeta calvo desprovisto de la corona de laurel de Apolo, en pugna directa con los demás hombres.

*

El poeta calvo, al margen de los ejércitos de Apolo.

*

Los gregarios ejércitos de Apolo, siempre dispuestos a imponer el orden —y el concierto— que tañe su implacable lira.

*

Las palabras perdidas del poeta calvo, semillas para las floraciones de otras disidencias.

*

La suerte literaria a veces se encuentra en no haber tenido suerte literaria, sobre todo en la juventud. La oscura tinta de los días reveladores.

*

La literatura como pugna, como confrontación, como disidencia, como fugaz iluminación de la realidad configurada.

*

El poeta calvo despojado del favor de los dioses. En su testa no florecen como divisa los laureles de Apolo.

*

Detrás del rostro del poeta, la máscara del monje, la máscara del guerrero, la máscara del embaucador.

*

Un poeta que pretende llegar a los lectores a través de canonjías literarias y señuelos de mercado.

*

Un libro que no busca a los lectores, sino que espera que lo encuentren sus lectores.

*

Los libros como objetos manufacturados, el azúcar y la grasa de las rosquillas.

*

Literatura comparada. Uno de esos eruditos que cuando lee destroza los versos que desea explicar. Su explicación no arregla los destrozos.

*

Las espadas forjadas en las sombras del pasado que nunca deberían desenvainarse.

*

Lo apuñaló con un sombrío puñal forjado en las sombras de su pasado.

*

Siempre paga la inocencia.

*

Hay palabras que nunca se deberían decir, salvo que con ellas se quiera amortajar la esperanza y la redención.

*

El poeta calvo contempla en el espejo la calavera de un monje.

*

Sus sombrías órbitas, los oscuros tinteros de su escritura.

*

Los días ágrafos, cuando escribir una línea es como ascender una sinuosa montaña.

*

El estigma del cazador, el rastro de sus víctimas.

*

Escribió un cuadro dibujando unas letras. Su significado connota colores.

*

El diletante. Su versallesca escritura se curvaba, genuflexa.

*

La censura religiosa, la censura política, la censura comercial. Las tres cabezas de Gorgona que pueden petrificar una escritura.

*

Hablaba como aquel que tiene la lección bien aprendida, sin conocimiento de causa.

*

No dijo nada nuevo, por eso su erudición resultó insultante.

*

Ganó muchas lides literarias, digno campeón del vacío.

*

Ahora los reconocimientos le llegan sin pedirlos, dice con afectada humildad. Las astucias del poeta viejo.

*

Ars poetae. Escribir como se ha vivido, buscando la plenitud con cada paso, buscando la verdad con cada letra.

*

Sobre la antimateria. En el olvido anidan los recuerdos, incluso a sus aleros llega alguna golondrina desorientada.

*

Las columnas de Hércules. El principio del final, el final del principio. Cualquier meta es un principio; cualquier principio, un final.

*

La intransigencia generacional de los viejos poetas con sus coetáneos, su interesada indulgencia con los poetas jóvenes.

*

Un poeta arrebatado por la desaforada búsqueda de los laureles de Apolo.

*

Los sueños preconcebidos de la mayoría de las personas y su obsesiva pretensión por llegar a ser la viva encarnación de alguno de los estereotipos sacralizados por el mercado.

*

Ulises navegando por el proceloso mar de imágenes y sonidos que le cercan.

*

Un coche sin conductor; un ciudadano ejemplar, sin cabeza.

*

Un poeta que fundamenta su prestigio en la sobreexplotación de la lágrima.

*

El caos argumental de una vida y la desasosegante búsqueda de su sentido.

*

Pocos poetas llegaban a interesarle cuando hablaban de poesía, por la impostura de su impostación.

*

Ante la amarga queja de un escritor sobre la suerte que corren sus libros en el mercado, merecedores de laureles y divisas, de honores y sinecuras, de encomios y prebendas. Se pregunta, ¿si no será esa la pretensión última de la mayoría de los escritores de este tiempo?

*

Un escritor nunca tiene un solo maestro literario, sino muchos; por eso él prefiere hablar de referentes literarios y no de magisterios.

*

Un escritor con talento que en el éxito mediático busca compulsivamente la destrucción de su literatura.

*

La sintaxis del caracol, la enigmática espiral de su caligrafía.

*

El viscoso rastro biográfico de un escritor, la develadora caligrafía de sus pasos.

*

Una vida llena de dones, la sombría huella del desposeído.

*

Su biografía no era redonda, sino poligonal; con varias aristas sombreadas por la vergüenza.

*

Ángel con alas de piedra. / Sísifo reencarnado, / una y otra vez por la ladera.

*

Otro baldío inicio para T. S. Eliot. Abril es el mes más cruel del año / porque germinan en sus verdes días / brotes verdes de los troncos muertos.

*

Un pájaro aterido en la rama desnuda del árbol escucha como se desvanece el eco de su canto.

*

El crepúsculo se apaga, las luces de las estrellas lo oscurecen.

*

Un libro con premio, la bisutería al servicio de la prosa.

*

Las presentaciones de libros se prodigan tanto que los propios escritores tienen que prohijarse su propio público, como un aditamento más del escenario. Un público prisionero de los afectos y de las convenciones.

*

La zafiedad política y su liviandad enajenadora.

*

El juego retórico de presentar un libro sin violentar los límites de la conciencia crítica y sin tampoco llegar a defraudar las narcisistas expectativas de su escritor.

*

El arriesgado arte del funambulismo literario.

*

Otro soberbio Narciso negando públicamente sus merecimientos.

*

Para las personas sin talento una negación es una afirmación y una afirmación una afirmación.

*

El universo plano de los afirmativos.

*

Uno de esos jóvenes poetas que como señala Antonio Machado, por boca de Juan de Mairena, llega «al mundo de las letras dispuesto a escribir por todos —no para todos— y, en último término, contra todos».

*

La obstinada futilidad de la bisoñez literaria.

*

Un cuento de Babel. Sus silencios llegaron a ser irreconciliables: uno estimaba su amistad, pero no sus poemas; el otro, estimaba más sus versos que su amistad.

*

Un final feliz. Y permanecieron juntos durante la epifanía de un eterno instante.

*

Una confirmación empírica de la teoría platónica de la media naranja. Cuando se la evoca a ella ineludiblemente aparece él, cuando se le evoca a él inevitablemente aparece ella.

*

«Saca el escritor que llevas dentro», la librería transformada en farmacia.

*

El escritor, el presentador y el editor; los tres con sombrero en la librería. Él se prepara para asistir a una presentación de casquería.

*

Él rechaza a todos aquellos que tratan de sumergirlo en una realidad cenagosa.

*

A los manipuladores sociales se les reconoce por su hiperrealismo.

*

Otro eslogan peligroso. «Pon un libro en tu vida», pero evita la exclusividad de sus páginas.

*

De los lectores de un solo libro guárdense los lectores de libros.

*

Un individuo sin imaginación, incapaz de sustraerse a los dictados de su prosaica máscara.

*

Los abrumadores méritos de un escritor sin mérito.

*

Un alegato. Defendió bien su poesía, como buen leguleyo.

*

Él se pregunta si «la forma de leer» que proponen los teólogos, no será otra forma de no leer, con la intención de convertir definitivamente en inéditos a todos los clásicos.

*

La llama en la cripta, lectora luz de sombras.

*

Las Humanidades en peligro, la humanidad en peligro.

*

Un poeta avispado siempre suele tener a su servicio un fiel escudero, la mayoría de las veces profesor universitario.

*

El éxito mundano de la literatura subordinada.

*

Otra versión de un poema de Borges. De todas las mujeres
que ella ha sido; / de todas estuvo él enamorado.

*

Un escritor nunca debe ser complaciente con su escritura,
sino desea enturbiar su creatividad.

*

Epimeteo. Soy dos, y siempre vence el más torpe.

*

El destino de los discípulos dilectos: ser monaguillos de la
capilla laica de sus maestros.

*

Su abrumadora erudición estaba fundamentada en su
morboso interés por los chismes literarios.

*

Enfrentamiento de capellanes, la guerra del incienso.

*

Un castrati literario, los sofisticados melismas de la impotencia.

*

El éxito social suele producir una metamorfosis en el escritor que casi siempre lo desvía hacia la conquista de empresas menores, transformándolo en un vulgar promotor de una fundación literaria o de la marca empresarial de su escritura.

*

Escribir contra el tiempo *desescribidor*.

*

«Si me muriese, ¿tú crees que podrías enamorarte de otro hombre?», le preguntó con la convicción ciega de un enamorado. Ahora ella lo recuerda porque acaba de hacerle la misma pregunta al hombre del que está ciegamente enamorada.

*

La ilusión de encontrarse con aquellas personas imprescindibles que lo alejan de la inanición.

*

El escritor nihilista. Su destinatario, el olvido.

*

Es el final, sabe que es el final. ¡Qué impotencia no poder reescribirlo!

*

Una mujer que en el valor de sus joyas exhibe su poco valor.

*

Un reloj de ochocientos mil euros. Su propietario podrá determinar con precisión cada segundo del día, sin detenerse en sombrías disquisiciones.

*

El poeta y su contrario. Uno dice las palabras para los demás, porque representan a todos; el otro las dice solo para sus fantasmas, para aquellos moradores que forman parte de su silencio.

*

¿Recibió un elogio o una puñalada?

*

Novedades literarias. Para leer tanta literatura flatulenta hace falta tener los hemisferios cerebrales de un herbívoro.

*

En cada día cabe toda la vida, en cada verso toda la literatura.

*

Era un filósofo; es decir, una persona invisible, alguien que escuchaba atentamente a los demás.

*

Cada poema tiene que hablar de la totalidad del mundo.

*

El poeta devenido en supervivencia escritural. La transustanciación experiencial de la lectura poética.

*

Otra versión del laberinto borgiano. A pesar de haberlo construido día a día con sus pasos, aquel laberinto de huellas todavía tenía muchos secretos para él, ya que desconocía el plan general de su urdimbre y, por lo tanto, la finalidad de sus laboriosas secuencias. Solo sabía que estaba condenado a perderse en sus recovecos.

*

Pude ser / y no fui. // Ahora que soy / ya no puede ser.

*

Retrato robot. Ese rasgo de su rostro que revela el nuestro.

*

Las buenas formas, la esgrima del combatiente.

*

La mariposa en el mapa. Un mapa es una visión parcial del laberinto.

*

¡Quién puede sustraerse a los arabescos de sus pasos!

*

El punto de partida y el punto de llegada, la flecha retorcida del tiempo.

*

Las máscaras de un escritor, los susurros del confidente.

*

Una respuesta a J. L. Borges. ¿Es un imperio esa luz que se apaga desvelando la penumbra de la noche? No, simplemente es el efímero destello de una conciencia.

*

La aureola de laurel y la corona de espinas, dos símbolos de los que adjura el poeta calvo.

*

El poeta calvo dilucidando en la sombra la caligrafía de la luz.

*

El poeta calvo deambulando destocado, a palabra descubierta.

*

Un verso es un haz de luz que niega la efímera evanescencia de su sombra.

*

El poeta plañidera que llora por todo lo perdido. Su llanto se confunde con el canto del pájaro de mal agüero.

*

Ante cualquier crítica literaria se sentía aludido, aunque esta fuera remitida a un destinatario reconocido; y es que Narciso siempre se ve reflejado en todos los espejos.

*

El ejemplo de Alfonso Costafreda. Los poetas purgados deben de extremar sus cautelas para no exhibir públicamente —como trofeo del purgador— su propio cadáver.

*

Los dos laberintos de J. L. Borges. No temía los más intrincados laberintos que orgullosos le mostraban los lugareños, ni tan siquiera los urdidos por el indescifrable azar en las arenas del desierto; solo temía el secretamente tramado por sus pasos.

*

El triunfo del purgador, la reverencia del cadáver.

*

La pesadilla del purgador, la resurrección del verbo.

*

«Nada personal», dice el purgador, cobrándose la pieza de cuerpo entero.

*

El purgador exhibe sus poderes. Sus muertos son de este mundo.

*

El rastro del purgador, el brillo de sus acólitos.

*

El purgador ante su víctima con el gesto adusto del supremo sacerdote.

*

El escritor sumido en sus sombras, de pronto una palabra lo llena todo de luz.

*

El escritor indemne a los crótalos literarios. La inteligencia tiene sus antídotos.

*

La vergüenza y el oprobio de un escritor. La morbosa avidez de su escritura.

*

Los requisitos contextuales y formales que lo dejan fuera de una antología generacional, las sutilezas del purgador.

*

El mediador. Sus puentes se transformaron en diques.

*

En la amistad, como en el amor, conviene no iluminar todas las sombras.

*

Veinte años no son nada, cuarenta todavía menos.

*

Cruzó de un lado a otro de su sombra, con la destreza de un funambulista. El vértigo de su abismo en el tiempo, la insondable caligrafía de su historia.

*

Vivir en el último peldaño de la literatura con la implacable fauna de los fracasados.

*

La búsqueda dramática de la simetría perfecta entre dos identidades.

*

Suele hablar de su posteridad el escritor que no se toma en serio.

*

La broma infinita. Las razones para escribir demasiado, el vacío interior.

*

La sombra de una soga, el peso muerto de una sombra.

*

El exfumador. El humo de su cigarrillo le recordaba el tiempo / —hecho humo— de los lejanos días / de su juventud. // También la ceniza de otros labios.

*

El reino de otro mundo. Los espíritus previsores bien saben / que el estado de las almas / sin Estado / es lamentablemente infernal.

*

A él solo le interesa la subjetividad de un escritor cuando esta alcanza dimensión universal.

*

Lo peor del escritor vanidoso no es su estulticia, sino su susceptibilidad.

*

Los seres inarmónicos que trastocan los arpegios de cualquier apacible realidad.

*

La jugada perfecta, fuera de tiempo, es un gesto inane.

*

Sapiens. Un cocinero que a través de la alquimia de sus platos se convierte en un teórico de la ciencia. ¿Salto lógico? No, culinario.

*

Estuvo esperando muchos años a que alguien descubriera su talento. Ese que él también intuía pero que tampoco encontraba.

*

Un ardiente amanecer, como una herida en el pecho.

*

La lágrima como arma de destrucción masiva.

*

La lágrima que señala y que inclementemente condena.

*

En el reino de la lágrima la más férrea espada languidece.

*

Prefiere el torvo puñal a la abrasiva lágrima.

*

La lágrima que redime, la lágrima que condena.

*

El antídoto de la lágrima, la rendición de los anticuerpos.

*

El editor es un confesor de los egos de sus escritores.

*

El editor, como el crítico, profesa el higiénico ministerio del exorcismo literario, ya que en todo momento trata de liberar al poseído de sus demonios creativos.

*

En la literatura de nuestro tiempo no se valoran las catedrales de palabras, sino las casas de diseño.

*

El cantautor. Aunque pudiera parecer lo contrario, no perseguía faldas, sino canciones.

*

Los poetas jóvenes suelen recorrer las calles de París con la emoción del que contempla las páginas del sagrado libro de sus ensoñaciones.

*

La vida es un viaje imprevisto y ella se sentó a su lado. No era la mujer que esperaba, aunque él tampoco era el hombre que ella había imaginado, pero la vida tiene sus estaciones y sus imprevistos.

*

Hablar de la nada desde la nada, este instante que desaparece con las últimas luces de la tarde.

*

La luna en el laberinto de marzo, la luna en el laberinto de abril. La luna de esta noche, los trazos del laberinto sin fin.

*

El impostor que se reencarna en su simulación y acaba siendo lo que parece.

*

Su vida fue una renuncia, una permanente reafirmación.

*

Dos destinos tan fortuitos como indescifrables: la banalidad del éxito y el surco profundo del fracaso.

*

Un libro sin erratas ni arrepentimientos.

*

La página perfecta, aquella que todavía no ha escrito.

*

Dios ha muerto, la verdad no existe. Viva el artificio y las gregarias sombras de su apariencia.

*

Lo falso y su envés. El rostro reversible de la mentira.

*

El gran seductor y su catálogo de identidades manufacturadas al alcance del hombre etiquetado.

*

El arte sublimado por su valor mercantil. La exaltación de la mórbida neutralización de su significado.

*

El hombre etiquetado y su discurso manufacturado con fecha de caducidad.

*

El hombre encadenado lucha por librarse de sus cadenas; el hombre deshabitado, por exorcizar su angustia; y el hombre etiquetado, tan solo por exhibir su precaria identidad prefabricada.

*

El hombre etiquetado exhibe su diferencia proclamando su uniformidad.

*

El poder no puede controlar lo que cada ciudadano sabe, pero sí lo que todos ignoran.

*

El poder de la escritura. Un poder que puede derribar al poderoso, justificar una vida y retener el tiempo.

*

El escriba tenía el poder de la escritura. Ese, dicen los letrados, que se ha perdido.

Cuaderno número cinco
(2018-2020)

Toda escritura es encubierta, urdimbre de revelación.

*

La sublimación mercantil de la obra de arte. La negación estética de sus significados.

*

Los amigos sobran cuando llegan los aduladores.

*

Fuera de las instituciones hace mucho frío. El riesgo de convertirse en un gato maullador.

*

Moverse con dignidad para poder moverse.

*

El destino lo condiciona el imprevisible azar y las acertadas o erróneas decisiones personales, pero tal vez lo más determinante sea la saña de los propios enemigos.

*

1984, Orwell. Un gobierno que atesora los temores y los anhelos de sus ciudadanos para someterlos con sus miedos y seducirlos con sus aspiraciones.

*

Dos tiempos jalonan la vida humana: uno en el que se desea adueñarse de todas las cosas, y otro en el que solo se aspira a desprenderse de la mayoría de ellas.

*

El abigarrado rastro de su escritura. La huella indeleble de su huida.

*

Problema metafísico. Cuatro amigos llevaban el féretro del amigo muerto. Hace tiempo que tres lo acompañan bajo tierra, y el último acaba de ser incinerado. ¿Cuántos muertos llevaba el amigo muerto?

*

Buscar todo el día una cita y no encontrarla. Pájaro perdido en el zarzal de la memoria.

*

La crueldad del arte. Un lienzo puede revelar la genialidad de su autor, pero también, de manera más inapelable, su estupidez.

*

—«Bésame», le dicen las aguas del río que contempla ensimismado.
—«A quién —les pregunta— de los innumerables rostros que pasan.

*

El intrascendente. Nadie sigue el rastro de sus huellas, ni prolonga la sombra de sus pasos.

*

El prisionero. A lo lejos una luz dibuja una puerta en el horizonte.

*

El vendedor de penas. Las lágrimas eran la máxima expresión de su arte, siempre caían sobre los versos precisos.

*

El otro principio de Arquímedes. Dadme un punto de apoyo y moveré mi mundo.

*

Los desvelos y (re)celos académicos.

*

Las flatulentas teorías de la hedionda bisoñez.

*

Nunca llegó a ser —como hubiera sido su deseo— un Horacio o un Virgilio, pero sí un buen profesor. Los sueños, como las personas, suelen reforzar a sus contrarios.

*

Como estrategia habla sin parar. Guardián de sus secretos.

*

Viajar como dóciles ovejas, siguiendo las indicaciones de los lobos del rebaño.

*

La pared amarilla como medida más que como resultado.

*

Sobre la pared amarilla nubes de interrogantes. El hombre que la contempla no cesa de interpelarse.

*

El resplandor permanente de la pared amarilla, los efímeros ojos del que la contempla.

*

Nadie contempla dos veces la misma pared amarilla por mucho que su resplandor niegue el paso del tiempo.

*

«La tierra más sólida es la que el arte ha vislumbrado» (Eugenio Torrecilla). En la pared amarilla la luz emocionada de tus ojos.

*

Los arpegios de la pared amarilla, la silenciosa sinfonía del tiempo.

*

La pared amarilla y sus rayos de oro. ¿Quién no se perturba ante juez tan excelso?

*

El radiante resplandor que emana de la pared amarilla es expresión de la conciencia y del compromiso artístico.

*

Un escarabajo en la pared amarilla, la sombra del hombre que se sumerge en el laberinto.

*

El escarabajo frente al espejo, el hombre que le mira se sube por las paredes.

*

El escarabajo en su laberinto, nadie puede sustraerse de sí mismo.

*

El hombre en su laberinto. No hay puerta que pueda liberarlo, ni camino que pueda alejarlo de sus pasos.

*

La curvada espalda que no puede disimular la americana, los élitros del insecto monstruoso.

*

El fotofóbico instinto de supervivencia del insecto monstruoso entenebrece cualquier luz.

*

El amor tiene sus profundas paronomasias: sed o no ser.

*

Un hombre colmado, un hombre vaciado.

*

El *big data*, las cámaras de videovigilancia y los archivos computarizados no solo condicionan la privacidad del ser humano, sino que también le privan —lo cual es más grave— de cualquier posibilidad de redención.

*

La repetición constante de los hechos poco venturosos. El asedio de los demonios.

*

El otro Marcel Proust. El latido de la tinta del hombre devenido en escritura.

*

El sistema es el sistema; mientras, continúa desangrándose.

*

Un mundo de sordos en donde sus habitantes se comunican a través de los signos de las apariencias.

*

El hacedor. No llevaba ningún signo externo que pudiera identificarlo, pero la mayoría de las personas enseguida lo reconocían.

*

Piensa en las personas luminosas que ha conocido y en sus insondables sombras.

*

Con los trocitos de nubes que ha ido coleccionando podría desatar una tormenta.

*

La firma de libros, un doble acto de impostura entre el escritor y sus insospechados lectores.

*

El cálculo de los medios empleados para alcanzar los fines perseguidos, el ranking de los más vendidos.

*

Él halaga a los lectores buscando su reciprocidad.

*

Lo peor no es que nadie dude de su talento literario, sino de que el mismo tampoco tenga ninguna duda.

*

Él tenía la vocación, solo le faltaba el talento.

*

Se sumerge en el sueño con la esperanza de poder arrancarle una flor.

*

¡Oh, dime, Marco Polo!, tú que has recorrido los límites del mundo, ¿qué hay detrás de la fatiga?

*

Las palabras insubordinadas del hombre subordinado.

*

Contempla a los dichosos con indulgencia y les desea que no conozcan el otro lado de su claridad.

*

Un remedo infantil del laberinto. El jardinero bifurca los senderos de la fronda vegetal.

*

Recuerda que aquellos versos, febrilmente escritos durante una larga noche, fueron inspirados por la culpa y el dolor. Pura expiación.

*

La expiación y el drenaje purulento de sus palabras.

*

Su posición le permite soltar discursillos de moralina, el muy majadero.

*

No saben que en su mundo es un príncipe, si no sus desabridas exigencias se transformarían en desvelos y contemplaciones.

*

Las larvas del odio inoculadas por aquellos que le hicieron el mal, y los efectos prodigiosos que sus metamorfosis desencadenaron en él.

*

Elias Canetti señala la pasión de Kafka por el «autoempequeñecimiento».

*

La sombra de Gregorio Sansa, las vueltas y revueltas del insecto lector.

*

Ella era la más bella; él lo sabía, por eso la dejaba pasar sin entorpecer la música de sus pasos.

*

La superstición grecolatina y la culpa judeocristiana. ¿Cómo no desconfiar de los augurios y de los juicios de los dioses?

*

El hombre que cruza la calle y de pronto se detiene a descifrar el guarismo de sus pasos.

*

Por los pasillos del hospital piensa en Kafka, por las galerías de las cárceles piensa en Kafka, por las salas de los tribunales piensa en Kafka, por las sinuosas oquedades de los Ministerios piensa en Kafka y en su perpleja orfandad.

*

Él podía haber sido mejor en el pasado, por eso se esfuerza para que el futuro no le sorprenda de nuevo con sus reprensiones.

*

Contemplando el retrato de Dorian Gray. Ninguna relación es inocente. Todas dejan sus lacras y heridas.

*

Su salvavidas, los libros que ama.

*

¡De qué se alegra ese insensato! No ve acaso su destino, lo que le espera.

*

Es un gigante al que se empeñan en presentar en una caja de zapatos.

*

Marcel Proust escribiendo en la memoria de un lector, hay escrituras que no cesan de dimensionarse.

*

Él controla como puede sus emociones, un volcán siempre a punto de explosionar; en cambio, los que le conocen lo consideran frío y calculador.

*

Dos escritores y sus disidentes escrituras. Cada palabra un desencuentro.

*

En el arenal del tiempo, el destello de un afecto.

*

El siempre del ser humano, este instante.

*

No se escribe «para ser distinto», como señala Canetti, sino para que todo sea distinto.

*

Doblaba las palabras como si fueran servilletas; de pronto, cogía una con cuidado, la desdoblaba, se limpiaba la boca con ella y la tiraba a la papelera.
La teoría del eterno retorno, hasta alcanzar la redención.

*

Nada más verlo se dio cuenta de que nada tenía que hablar con él. La misma lengua tiene idiomas diferentes.

*

Yarg Nairod. El hombre que escribe sus lacras para mantener a salvo su conciencia.

*

Él buscó el olvido, también la perfección. El contrapunto de los instantes.

*

Creer en los hombres, desde la desconfianza de uno mismo.

*

Él tiene un tesoro, solo tiene que escucharse para que sus dedos se iluminen.

*

La Praga de Kafka, la Praga del turista de Kafka.

*

La esgrima de un prólogo de encargo: que no hiera el sutil reflejo de la evidencia.

*

La extraña comunidad de una escritura con sus lectores.

*

En los *Apunte*s Elias Canetti deja constancia de su lectura de Franz Kafka y de Robert Walser. Cada escritura tiene sus subrepticios moradores.

*

Las miradas de bóvido de los turistas rumiantes.

*

El viaje ha perdido la épica y su mística. La banal trivialización de los lugares iniciáticos.

*

El camino nada iniciático de los turistas y sus álbumes de recuerdos predeterminados.

*

El viajero tiene que enfrentarse a la usurpación de los lugares.

*

En la escritura de un libro, además del escritor, siempre suelen intervenir otras dos o tres personas más. Ellos forman parte de los secretos de sus páginas, así como de la misteriosa evolución de sus significados por los azarosos caminos que llevan a su impresión. Este reducido grupo de personas, como sucede con el autor, nunca podrán leer el libro como el resto de lectores. Los ruidos de su carpintería nunca dejarán de resonar en sus cabezas.

*

Él tenía una memoria sospechosa, una memoria plagiaria.

*

Micrograma. Una palabra que refleja los puntos temporales y que se extiende como un paisaje.

*

El caminante que merodea, la llegada no es su meta.

*

Un pedacito de papel con unos trazos indescifrables; restos de nubes, supervivencias de otro cielo.

*

Las palabras luminosas, el abismo de sus escaleras.

*

Sobre el oficio de escribir. Hilvanar las palabras en la piel del día, como señales inequívocas de las costuras del tiempo.

*

Sobre el oficio de escribir (II). Retener un instante en el fluir del tiempo, para que, en su inexorable fluir, permanezca.

*

La función de un escritor no es solo emocional sino también dilucidadora, como lúcido explorador de la realidad.

*

Rapto poético. Indultar un instante de la fuerza corruptiva del tiempo.

*

Y la causa se hizo verbo, no para volver a los dominios de la divinidad, sino para distanciarse definitivamente de ella.

*

Si el arte fuese meramente sinestésico, una pintura podría tener la textura de una melodía y, al mismo tiempo, las connotaciones significativas de un poema.

*

El sinestésico concibe un sutil puente entre las artes por el que solo puede deambular su subjetividad.

*

La sinestesia es un error instrumental: el paso del tiempo no puede contarse en centímetros.

*

La misma historia que se repite, la misma historia que nos conmueve e incluso, a veces, nos sorprende: por el cambio de una letra.

*

Los estados de felicidad siempre son sobrevenidos, como la desgracia.

*

Él detesta los actos solemnes y las lustrosas ceremonias literarias, pero todavía mantiene intacta su fascinación por las insondables irisaciones de las palabras.

*

Las laudatorias hipérboles con las que se entreteje el inextricable manto que oculta las miserias personales.

*

Ganó el certamen literario, el dinero y el desprestigio.

*

Un libro es como un organismo vivo, a veces una mala crítica refuerza su sistema inmunológico.

*

El Yelmo de Mambrino. Él se considera un trabajador del surco cervantino, por eso, en los días inclementes, se pone la bacía de don Quijote.

*

La función crea el órgano. Eso lo explica todo: / su mano no escribe, excreta.

*

Tiene unos ciento cincuenta libros publicados y todavía amenaza con publicar algunos más. La falta de talento suele ser proporcional al cuadrado de la terca obstinación.

*

Un poeta benemérito. Aquél que lo lee se convierte en mejor persona, porque sus divagaciones mueven a piedad.

*

La redentora alquimia de los malos versos.

*

El engreimiento de un premiado, la inveterada liviandad de los ungidos.

*

Solo los escritores que habitan el silencio tienen algo que decir. Solo los escritores que escriben con la tinta del olvido merecen ser perdurables.

*

Otra visión del paraíso. Su belleza era una promesa de felicidad, una reencarnación del jardín del que había sido expulsado hacía muchos años. De ahí el temblor de sus manos al verla y el sudor de su frente.

*

Él reparó en algunas de las promesas dictadas por sus pasos. Por eso caminaba despacio, para no completar sus finales previsibles.

*

Han decapitado al rey, ¿a quién adularán ahora los aduladores?

*

El representante popular se disfraza de obrero cada vez que sale de palacio.

*

Un escolástico de cafetería. Desde que lo conoce, hace algo más de cuarenta años, siempre le pareció un tipo ridículo; y desde entonces, no ha habido ocasión en la que él no tratase de corroborárselo.

*

El crítico feroz. No te fíes de él, muerde por vileza.

*

En un congreso sobre la obra de un reconocido poeta se suelen convocar a algunos investigadores que tienen algo que decir y a otros ponentes que creen que tienen algo que decir, junto a los consabidos que siempre tienen qué decir.

*

La piedad que suscita el verdugo en su víctima.

*

Un recital multitudinario, no por el público asistente, sino por el número de poetas que leen sus poemas.

*

Un escritor solo con fuerzas para escribir y no para negociar con sus contemporáneos.

*

Otro final de «El gesto de la muerte». No hay forma de llegar a *Ispahán* esta noche, el camino está cortado. El camino quiere que coja otro camino.

*

Hay escritores que son un tratado de literatura y escritores que son la literatura. Los primeros son los que más abundan, los segundos los que nunca se olvidan.

*

Las tijeras de podar y la goma de borrar. Las herramientas del geómetra.

*

Recrearse bajo las estrellas del propio corazón.

*

Él siempre evita los coros poéticos por el pavor que le produce el fervor poético de los catecúmenos.

*

El poder, en eso se asemejan los sistemas políticos, vela por el letargo de los administrados.

*

El presentador de un libro tiene que cumplir dos requisitos indispensables: estimar al autor y apreciar su obra, o si se prefiere también sirve a la inversa. A la estima se llega o por amistad o por afinidad biográfica; al aprecio de una obra solo por la impresión que su lectura haya causado. El presentador tiene que cumplir al menos con una de estas dos condiciones para que la delicada convención pueda solventarse decorosamente. De no ser así, la situación puede llegar a ser enojosa.

*

Gaius Valerius Catullus. Entre las piernas tenía el latido de su corazón. Amaba más allá de los efímeros deseos.

*

Él era un superviviente, contemplaba sus libros fosilizados en estratos geológicos.

*

El buen novelista no solo inventa a sus personajes, sino también a sus lectores.

*

El poeta —ya lo dijo Ángel González— es el inventado, la consecuencia imaginaria de su lector.

*

Es una ladilla literaria, lo único que se puede hacer para evitar su picadura es rehuir las personas que frecuenta.

*

Trata de explicar el rechazo que le produce su literatura evitando las cuestiones personales. La crítica también tiene su retórica.

*

Tiene la oportunidad de vengarse, pero no lo hace, esa es su mayor venganza.

*

Aquella gloriosa escultura dejaba entrever el pie artrósico del hijo de Dios.

*

Un libro desechado por el olvido vuelve a sonrojarlo.

*

Escribe con tinta del olvido, desde el olvido y para el olvido. Quizá por ello piense en el fuego —igual que otros escritores— como apasionado y último lector.

*

Lo primero que sale por la puerta, detrás del muerto, son sus libros.

*

Sus libros expuestos por los baratillos del rastro. Un paseante distraído manosea las sonrojadas vísceras de Pompeyo.

*

Una persona sin criterio literario, solo dudosamente empresarial, elige la mejor obra de una época para contribuir a fijar un criterio canónico.

*

La lista de los mejores veinte libros publicados en el siglo, la gregaria suma de los gregarios criterios fallidos.

*

Ahora que se encuentra cerca de la senectud viaja con frecuencia a los días señalados de su pasado. Y siente la impotencia de no poder alterar ninguno de sus pasos.

*

El heraldo. Viene de muy lejos y le trae malas noticias. En un sobre la sentencia dictada de otro tiempo.

*

¿A cuántos enemigos ha tenido que indultar? Él, siempre dispuesto al abrazo.

*

Se apoya en todos aquellos que lo han negado. Ellos son los auténticos contrafuertes de sus supuestos teóricos.

*

No quiere ser profeta en su tierra, sino tierra de su tierra. Una más de sus emanaciones.

*

Panta rei. El río es el recuerdo; el recuerdo, el río.

*

No son peras en almíbar, son palabras; pero él no las pronuncia, las saborea.

*

Los sistemas tienden a reproducir las leyes que los gobiernan, por eso entre ellos funciona la analogía.

*

Sus enemigos lo merodean cíclicamente con órbitas elípticas.

*

La esperanza es como un pájaro de mal agüero, sobre quien se posa redobla su condena.

*

El rastreador. La esperanza huyó con la noche, pero él pudo memorizar el camino sigiloso de sus pasos.

*

El abismo. Cuanto más desciende más se profundiza su abismo, por lo que ha llegado a la conclusión de que su abismo es constitutivo.

*

Su interés por las mujeres se ha ido sublimando con el paso de los años; de ahí que las contemple con los ojos de un crítico y no de un seductor.

*

Nunca tuvo un pensamiento original, ni tampoco nada nuevo que decir, por eso no cesaba de hablar y de escribir.

*

Le gustaba adoptar la pose de lo que él consideraba un escritor, como si la literatura fuese un mero juego de inocentes apariencias.

*

Todos los caminos conducen a Roma, a él todos los libros lo llevan a Kafka.

*

La vida vista como una partida de ajedrez. La lucha por recomponer una mala apertura.

*

Alguien llama a su puerta, piensa que puede ser la gloria, pero sabe que es el olvido.

*

Chauen. En el pueblo azul escriben con tinta azul el argumento diario de sus días azules.

*

La nostalgia de Antonio Machado también era azul, la suya es neblinosa.

*

Como aquel tembloroso ratoncillo que en el serpentario esperaba la caprichosa mordedura de la serpiente; ciertas noches, también tiembla.

*

La extraña relación de los caminos que se bifurcan para volver a reencontrarse.

*

El juego de las simetrías, la ilusión de los caminos trazados.

*

Los laureles de Apolo son un azar del bazar de las vanidades. Nada que ver con la literatura.

*

Sobreponerse a un elogio, relativizar la banalidad.

*

Puede jactarse de haber tenido crueles enemigos y de haber sobrevivido a sus siniestras puñaladas.

*

Los enemigos cumplen la función de los antiguos depredadores, alertan los sentidos.

*

Ahora sabe que los ha vencido, sin haber salido nunca victorioso.

*

Unos versos sueltos, como perros esteparios, siempre dispuestos a morder.

*

Sombra de sí mismo / es un jardín y un abismo. / La azarosa conjugación de sus designios.

*

Un garabato en la tierra —reino de las semillas—, la firma del manuscrito.

*

El sustento de la luz, el cobijo de su sombra.

*

La solución. Todo lo que fue / y pudo no haber sido. / Todo lo que no fue / y pudo haber sido.

*

Cuando se acerca a ella, / nota sus espinas. / Cuando se aleja, / le embriaga su perfume.

*

¡Cuidado con el perro!, *cave hominem.*

*

Los espíritus de los escritores del siglo XVIII son insaciables, devoran todo el talento literario de aquellos que intentan esclarecer su obra.

*

A los estudiosos de Feijoo se les pone cara de benedictinos.

*

A él le gustaría ganarse el respeto de los demás para compartir con ellos el lado más amable de sus máscaras.

*

El mundo digital ha abolido la redención.

*

El poseído. Tanto estudió al erudito monje que una noche su espectro se apoderó de su calavera.

*

Lo han humillado tantas veces que ahora cada elogio lo toma como una humillación.

*

La hipoteca. ¿Con qué se paga esto? Con tu juventud y pureza.

*

Alguien llega y abre un libro. ¡Habría que aclamarlo!

*

Sus ojos son pretéritos.

*

Nunca ha crecido del todo, es un niño canoso que siempre anda perdido.

*

El derrotado. Se metió en la cama para no salir jamás de sus dominios. Simplemente dejó que lo devorasen sus sueños.

*

Avatar. Era perfecta, sin celulitis ni alma.

*

Invernal. Se van deshojando las hojas del árbol. Un cuervo negro engulle los últimos recuerdos.

*

El César traza sobre la arena las fronteras del vasto imperio. Sus designios no pueden ser modificados, una vez partan con sus disposiciones los mensajeros. Han pasado los siglos, pero en los confines del tiempo los pretores todavía esperan la llegada de las lacradas órdenes del César.

*

El soliloquio público. Captan la atención de la masa para adiestrar su comportamiento.

*

La trama sencilla de una historia, la complejidad del universo.

*

Una cuestión de principios. Cuando ella se puso a dieta decía que era por amor; mientras él, que no tenía un gramo de grasa en el cuerpo, se esforzaba silenciosamente por engordar. Poco a poco ella se fue acercando a la silueta que tanto anhelaba, mientras que él perdía irremisiblemente la suya. Cuando lo abandonó, ella echó la culpa a la báscula: jamás pudo soportar los cuerpos gordos.

*

Otra versión de Le regret d'Heraclite. De entre todos los hombres que he sido / solo anhelo al afortunado / que te tuvo en sus brazos.

*

Ella viene del pasado, de su época más oscura; y aunque no entiende de qué le habla la escucha con un temor reverencial.

*

Ella viene del pasado, de su época más oscura; y aunque no entiende de qué le habla, cada una de sus palabras lo estremece.

*

Ella viene el pasado, de su época más oscura. ¡Cómo reconocerla a la luz del sol!

*

Sus lacras le dicen que el tiempo no ha pasado en vano.

*

Un libro que obliga a su autor a realizar permanentes explicaciones.

*

Él corrige escribiendo, por sobresignificación.

*

Los poetas suelen organizarse bajo fórmulas autocráticas. Los grupos, los movimientos y las generaciones literarias son buena muestra de ello. En esas estructuras cerradas todo el mundo sabe quién manda.

*

El excluido. Una casa con siete puertas, y por ninguna podía pasar. Una ciudad con siete murallas, y por ninguna podía pasar. Un país con siete fronteras, y por ninguna podía pasar.

*

Le encanta hablar de Marcel Proust para proyectar sobre él sus fantasías creadoras.

*

El contacto con los animales lo humaniza. Las fieras son sus pedagogas.

*

Sobre el grotesco pedestal de su ego se proyecta la famélica sombra de un roedor.

*

Cuánto le ofenden los tópicos dichos con solemnidad.

*

El viejo lugareño da consejo a un consumado pendolista: «No te enfrentes a él; además de perderte el respeto, te tiene tomada la medida. De los dos, y eso es lo más temible, él no tiene nada que perder; así que evítalo, no le des la menor oportunidad de confrontarse contigo, no lo hagas más grande.

*

Un necio cuya necedad considera digna de la más alta estimación.

*

El confabulador. Corregía con denuedo a los grandes maestros de la tradición literaria y a los escritores más valiosos de su tiempo, con sus errores de aprendiz.

*

El buen discípulo. Sus dos maestros no solo le regalaron dos libros para transitar con amenidad el camino, sino dos guías para recorrer con seguridad las inextricables veredas de la vida. Uno le entregó *Don Quijote de la Mancha* de Miguel de Cervantes y el otro, una antología de poemas de Antonio Machado.

*

Lo ven y tiemblan.

*

Conversación de tertulia literaria:
—Hay que reconocer que tiene buen aspecto.
—Sobre todo si se tiene en cuenta que literariamente lleva cinco años muerto.
—Desde que le escribiste aquella demoledora crítica sobre su último libro.
—Sí, se ve que le sentó bien pasar a mejor vida.
—Tú, siempre haciendo buenas acciones.

*

Éxito editorial. Que se sepa, es el único lector declarado de la novela que ha escrito.

*

En el universo endogámico de la autoedición, los libros se resisten a abandonar la casa de su engendrador.

*

Él escribe para dilucidar su destino, y a través de él el de los demás, no para hacer un producto literario.

*

Es un actor que escribe. Sus penitentes lectores nunca olvidan el éxito de su otra máscara.

*

Todos le hablan de los libros que vende, no de su literatura.

*

Uno escribe un fragmento y permanece en la memoria, el otro escribe cien y se pierden por las grietas del olvido.

*

La torre de Babel. Hablaba en el idioma que todos conocían, pero nadie le respondía.

*

El sueño. Cerró los ojos al tiempo que cerraba la puerta de su casa, y todos estaban allí.

*

Un hombre oculto en su valle natal, en su ciudad, en su casa…, y cuya presencia solo puede intuirse detrás de las páginas de su literatura.

*

Se mueve en la superficie, por eso no cesa de escribir. El parloteo atolondrado del pájaro bobo.

*

La abolición del tiempo, su fragmentación en unidades contables.

*

El erudito. Tiene una estantería llena de tesoros, de recuerdos incunables.

*

A propósito de Funes el memorioso. No hay que confundir el valor machadiano con el precio quevedesco, tampoco el dato con el conocimiento.

*

Es un inmortal, ha visto morir a todos sus seres queridos.

*

La soledad del inmortal, la juventud de sus recuerdos.

*

El sicofanta. Si no molesta, nadie le hace caso.

*

Revilo (I). Como buen escolástico de cafetería, entre un café y un agua mineral, es capaz de despacharse a toda una genealogía literaria. Uno de sus acólitos, siempre tan solícitos, le acerca al oído uno de los nombres de sus coetáneos que ha olvidado mancillar.

*

Lo sabe todo, por eso divierte tanto cuando se le escucha. Los desvaríos de un sabelotodo.

*

La mirada tribal. El otro, siempre el otro, desprovisto de cualquier atributo de humanidad.

*

Son dos infatigables trabajadores del surco cervantino. Uno se declara *bilmantino* y el otro *sorillano*.

*

Qué puede haber más original para un poeta que el diálogo sincero con la tradición literaria.

*

No se puede renunciar a los maestros sin perder el sabor de las palabras.

*

El intrincado alambique de la emoción poética que, como doloroso don, gotea por su mano.

*

El odio hacia los otros, de qué otros surge.

*

Los dioses le han concedido la inmortalidad, desde entonces se ha quedado paralizado para que todos le contemplen.

*

El tiempo ya no pasa por sus manos, más que vencerlo ha perdido su dimensión transformadora.

*

El remozado espejo en el que se contempla Narciso tiene índice de audiencia.

*

Es un disidente literario, rehúye sinecuras y encomios.

*

Uno de esos singulares escritores que solo promueve su soledad.

*

No decía nada, para que por su boca no salieran las palabras del ventrílocuo que agitaba a los demás.

*

Las fugaces señales que desvelan sus ojos contemplativos.

*

De todos ellos fue el más preclaro; también por ello, el más desdichado.

*

Conoce demasiado bien los entresijos de la Historia, por eso sus vaticinios suelen ser premonitorios.

*

Timba literaria. Más que un fervor apasionado por las páginas de determinados autores, sienten una atracción morbosa por la densa caligrafía de sus cuerpos.

*

Comentario de texto. Leía con morbosa delectación la densa caligrafía de su cuerpo.

*

Él veía por todas partes el pérfido rostro del poder, proyectando su Hydra en las sonrientes muecas de los triunfadores. Ciertamente, parecía inútil ofrecer cualquier resistencia.

*

En el jardín amarillo una rosa roja, el latido del jardín.

*

En el jardín amarillo la verde luna de Juan Ramón Jiménez.

*

En el jardín amarillo los escarabajos visten de faralaes.

*

En el mercadillo, en la fosa común de los libros de saldo, el escritor contemplaba su cadáver.

*

El desamparo de los desamparados ante la impostura de sus benefactores.

*

En ella ya no encuentra la acaricia, sino la púa despiadada.

*

Detrás de una invención siempre se encuentra un argumento verdadero.

*

La invención que narra encubiertamente un hecho acaecido suele ser premonitoria.

*

La ficción siempre intenta redimir los fantasmas del pasado a través de personajes interpuestos.

*

El postergado que descubre las ventajas de su postergación.

*

El cadáver de su enemigo literario pasa por delante de su puerta. En esos luctuosos momentos de exaltados reconocimientos por los mentideros literarios, le desea sinceramente que descanse en paz, la misma en la que desde hace tiempo descansan sus libros.

*

Un poeta cursi que solo habla de su posteridad.

*

Resulta muy halagador echar las culpas del propio fracaso personal a la sensibilidad, creatividad e inteligencia; lástima que existan tantas personas sensibles, creativas e inteligentes que invaliden este consuelo.

*

Ha sido un esclavo, y ha vivido entre esclavos. La mayoría de ellos luchaban por conservar su vida, él solo luchaba por conservar su talento.

*

Ha caído una palabra de la bóveda del sueño. Nada sabe del mensaje que se ha desprendido.

*

Le dieron la espada de madera como símbolo de su libertad, pero también de su adiestrada mansedumbre.

*

Primero se hicieron ricos, luego honorables.

*

No escribe para cualquiera, escribe para la nada.

*

Ser ceniza antes que fuego. Adán, antes que nada.

*

Al disponerse a beber las aguas del Leteo, un discípulo le preguntó por la suerte que quería que corriesen sus numerosos manuscritos. Que el tiempo, dijo el maestro, también los vaya borrando.

*

El tiempo se detuvo un instante: un paso una eternidad, una palabra un universo.

*

Los días desordenados de una vida desordenada, el furor de sus aguaceros.

*

Le gusta hablar demasiado. Mejor dejarlo solo, contando sus hazañas.

*

Voraces pájaros vienen a visitarme esta noche para llevarse en sus torvos picos lo poco que de ti me queda.

*

Fue ayer cuando te amé. / ¿Habrá mañana para tanto ayer?

*

El hombre que te amó ayer / te espera en la verde esquina / del verde abril de los troncos muertos.

*

Todo se volvió incomprensible / cuando ella le cerró la puerta / de su corazón. // Pájaro errante del pasado cautivo.

*

No todo está perdido. La risa sincera entre amigos, en esta época de confites y cursilerías, no deja de ser un instrumento para cambiar el mundo.

*

Le gustaba sembrar dudas en quienes lo admiraban, a través del uso de una serie sencilla de recursos estilísticos: una frase mal construida, un grosero error de concordancia, una falta inesperada... Maneras de atenuar —o de desautomatizar, siguiendo a los formalistas rusos— cualquier atisbo de solemnidad.

*

Se le subió el éxito a los pies, por eso caminaba con tanta prevención, para no caerse al suelo.

*

El éxito de la presentación del libro fue total, sobre todo si se suman las ausencias.

*

El corrector. Pasa el día corrigiendo las faltas ortográficas y de estilo de otros autores; las suyas, le ayudan a mantenerse vigilante en su trabajo.

*

La letra π en el sofisma borgiano. Se puede establecer una relación analógica entre los números irracionales que no se pueden representar por una sola fracción y aquellas palabras que no se pueden identificar con un solo concepto, ni agotar significativamente por una suma determinada de ellos, porque su secuencia perceptiva tampoco llega a repetirse jamás. Ese es el motivo de que el *ars* combinatorio del lenguaje nunca llegue a constreñir la expresión humana.

*

Relato de la guerra civil. No tuvo escapatoria, cercado como estaba por sus amigos.

*

Una crema antiarrugas anunciada por un joven rostro bello. El mercadeo de lo innecesario y de lo superfluo.

*

Los fatuos, más que livianos, suelen ser oportunistas. Cuando un escritor se encuentra asediado por estos banales lectores es que el éxito le ha llegado.

Cuaderno número seis
(2021-2023)

Le preguntan dónde trabaja y no quién es. Se acuerda de Fernando Pessoa, y piensa que el patrón Vasques tiene muchos seguidores que repiten su patrón.

*

Su don poético estaba aquejado por el mal de Casandra. Nadie puede contrariar impunemente a los dioses de su tiempo.

*

El lector de esquelas saborea con delectación sus pequeños momentos de triunfo. La efímera victoria del superviviente.

*

Pequeñas frases como alfileres punzantes. La lucidez reclamada al somnoliento.

*

En él tenía un valor seguro, sabía que nunca lo defraudaría. Así de leales son los enemigos.

*

Julio Romero de Torres. La mujer española, aceite y luna.

*

La desabrida luz que ilumina la escritura de aquél que habita la sombra.

*

Él solo recordaba las cosas que ya no podía recordar.

*

El alquimista. Solo logró descifrar la fórmula perseguida en el ámbito devastado de un solitario sueño.

*

La fórmula entrevista, apenas musitada, como un fulgor lejano que parpadea en la noche.

*

No escaló la peligrosa montaña para conquistar su cima, sino para decirse a sí mismo que había llegado.

*

El viaje es una metáfora de la quietud. La distancia inalcanzable del paso de una tortuga.

*

Ha perdido, y lo sabe. En sus labios paladea el sabor amargo de la otra cara de la victoria.

*

Ha ganado, y lo sabe. En sus labios paladea el dulce sabor de la otra cara de la derrota.

*

El secreto de un poema, el lector que lleva dentro. El secreto de un lector, el poema que lleva dentro.

*

El silencioso elogio de sus suplantadores.

*

Para poder ver hace falta la luz de otros ojos.

*

La compasión que producen ciertos escritores hace que más de un cabal lector se acabe convirtiendo, no en su lúcido detractor, sino en su hagiógrafo.

*

Ha vivido tres siglos, literalmente; por eso conoce demasiado bien las trampas y los trucos de la suerte.

*

Ego acariciado, intelecto desactivado.

*

La literatura es una fiesta a la que no todos están invitados, tal vez por ello cada vez le fascinen más los libros de aquellos escritores que no estaban invitados.

*

Las preguntas suelen ser fascinantes y liberadoras. Decepcionantes, y casi siempre tristes, las respuestas.

*

Un premio literario precisa de la conjura del azar para conseguir el alineamiento de los hados literarios; de ahí que resulte sorprendente que detrás del respaldo de un premio pueda haber un libro interesante.

*

Le aburren terriblemente las peroratas de los escolásticos de cafetería y de los beneméritos de la poesía.

*

No es una bandera la que él exhibe, sino una mortaja.

*

Uno de esos singulares libros de los que su autor no sabe si se lo han regalado o se lo ha robado a los dioses. Uno de esos singulares libros capaces de redimir la obstinación de una vida por la literatura.

*

La mala cabeza funciona demasiado bien para llegar al desastre.

*

Las nuevas hordas. La juventud creativa y sus inveterados horrores.

*

Un hombre que parece lo que realmente es y al que todos llaman impostor.

*

Un deseo. No tener que soportar las imposiciones de los demás; por otra parte, siempre tan ventajosas para ellos mismos.

*

El Benemérito. Su desmesurada vocación literaria se sustentaba en una evidente carencia de talento.

*

Cualquier palabra le incitaba a una reflexión; de ahí su parquedad y cuidadoso uso con las palabras.

*

Aurelio Suárez trabajó durante cuarenta largos y oscuros años en una fábrica de cerámica, sin dejar una gota de talento en la triste loza. Un trabajo rutinario y demoledor que no pudo estrechar los horizontes sombríos de sus reveladores cuadros. ¡Qué falta de talento la de aquellos que fueron sus patronos y jefecillos!

*

Tenía la potestad de conceder la inmortalidad a uno de ellos, pero su dedo temblaba: ¿quién era merecedor de semejante don? Lo único que lamentaba era no poder otorgárselo a sí mismo.

*

La luz del éxito le producía náuseas, iluminaba demasiado bien su fracaso.

*

La felicidad solo se percibe desde la evocación, nunca desde su vivencial plenitud. Solo desde el recuerdo se puede distinguir la lejana irradiación de su llamarada.

*

Aunque podría decir muchas cosas, prefiere guardar silencio. Los años lo han vuelto compasivo.

*

El verdadero lector disipa cualquier veleidad poco fundamentada.

*

Uno contó solo con el interés de unos pocos lectores, el otro con las canonjías y prebendas de los poderosos de su tiempo. Dos trayectorias diferentes que perpetúan sus escrituras.

*

Antes de dormirse le gusta contemplar las luces que atesora su noche. Saber que están ahí, tan cercanas como distantes, iluminándolo.

*

Los horizontes literarios son amplios, como territorios de conquista. Las orillas del olvido, infinitas.

*

Un escritor precisa de padrinos y de admiradores. Los padrinos aportan dinero e influencia, mientras los admiradores pregonan su anhelada epifanía literaria.

*

La gloria literaria también tiene sus capitalistas y sus jornaleros.

*

La relevancia de una obra también es construida, como suele evidenciar el relato que sustentan sus más notables y solapadas páginas.

*

El escritor se acaba convirtiendo en personaje para que su escritura no perezca con su último resplandor.

*

El techo de una obra, los cálculos de su editor.

*

Paladeaba las palabras, como buen degustador de la selecta cosecha del tiempo.

*

Desubicada, disminuida, degradada… Esa luz a la que cierran las puertas y echan las persianas.

*

Durante muchos años no formó parte de sus prioridades, ni de sus intereses. Ahora son ellos los que no forman parte de sus prioridades, ni de sus intereses.

*

Cursus honorum. Un mundo chestertoniano en el que los doctores sirven los cafés y los camareros ocupan las academias y los consejos de dirección. Las paradojas de una sociedad decadente.

*

Palimpsesto. Un libro escrito para el olvido sobre las páginas de otro libro olvidado.

*

La indeleble tinta del olvido.

*

El vértigo de una palabra, el abismo de la conciencia.

*

En él ha muerto la primavera, como prueba el brote verde que ensombrece su pecho con su obstinada germinación.

*

Los escritores, por lo general, más que una cura de vanidad, precisan una cura de autoestima. Su aireada soberbia suele ser, en la mayoría de los casos, un pálido reflejo de su desolado desistimiento.

*

Es un escritor, sobre su sombra mea el perro de la indiferencia.

*

El coleccionista. Más que el poseedor de aquellos singulares objetos, era el poseído.

*

Sobre los sueños y su imposibilidad. Su cumplimiento siempre lleva implícito la negación de otro sueño, el de la realidad.

*

Náufrago de sí mismo, la soledad le acompaña.

*

El filo de la luz y su lacerante herida. Los reflejos de la penumbra.

*

Los autores más leídos son aquellos que están tocados por el perfume del éxito. La alargada sombra de Apolo en el designio de los escritores.

*

Los libros amados que le ayudaron a secar sus lágrimas.

*

Por los aledaños de la literatura suelen proliferar los escolásticos de cafetería.

*

Le gustan los versos cortos que susciten emociones largas.

*

Es flor de intemperie, resistente al elogio.

*

Fue muchos hombres, hasta llegar a ser una emanación del olvido.

*

Un rayo de luz penetra las sombras para agostarse en las sombrías arenas del olvido.

*

Sobre las arenas del olvido agoniza la última luz revelada.

*

Un libro que al tiempo que sus hojas reverdecen, vivifica los ojos del lector.

*

El escritor debe estar en un rincón, observando a los danzantes. Su magia está en la luz de su penumbra.

*

Un poeta que reclama libertad de lágrima para poder recitar lucrativamente.

*

Existen distancias que llegan a ser insoportables, como el otro extremo del sofá.

*

Un libro adecuado para aquellos lectores que precisen perder el tiempo.

*

«Detrás del jardín hay otro jardín», dice el esforzado jardinero contemplando las callosidades de sus manos.

*

Vivir en la plaza pública, en una permanente gestualización.

*

La amistad es un arma cargada de pasado que siempre apunta al futuro.

*

La [in]formación como baluarte ciudadano de la democracia.

*

La ignorancia no hace que los hombres sean malos, pero sí es el instrumento más eficaz de los hombres malos.

*

El lector es esa luz que persiste cuando la escritura se apaga.

*

Simetrías de la nada. Que nada cambie para que todo permanezca en el mismo lugar. Que todo cambie para que nada permanezca en el mismo lugar.

*

Una gran historia en una novela mediocre. Una historia mediocre en una gran novela.

*

Pasó una hora en un campamento de acogida y escribió una novela. Él, en cambio, vivió un invierno en un campamento de acogida y apenas le salen unas palabras inconexas.

*

Versión narrada de un poema de Ángel González. Él le pidió caballerosamente su mano. Y ella, siempre complaciente, se la entregó envuelta en un hermoso papel de regalo.

*

Una iluminación, el trino de un pájaro.

*

Nadie puede abrir la puerta de su jaula, los barrotes son sus alas.

*

En un descuido su corazón se escapó volando; ahora, sí es un cautivo.

*

La otra relatividad. Ella lo esperaba a la hora y en el lugar convenido. Si pudiera desandar los caminos de su vida —pensaba con cierta desazón—, aún podría llegar a tiempo.

*

Su corazón cantaba al otro lado del bosque. ¡Qué ciegas y torpes eran sus alas!

*

Visión del derrotado. O es que no puede con el mundo o es que no puede con su cuerpo.

*

Los principios morales siempre los encrudecen sus embaucadores.

*

Otra versión del laurel de Apolo. El escritor que encarna la epopeya del olvido.

*

La mentira ha dejado de ser el envés de la verdad para convertirse en su sucedáneo.

*

Inmor(t)al. A su paso dejó una huella indeleble que nadie sabe cómo borrar.

*

Crónicas de guerra. Cayó herido en un combate cuerpo a cuerpo. Ella era demasiado hermosa.

*

El poder del monarca, la indignidad de los súbditos.

*

El afecto prodigado por un diletante en su público, el riego de los elogios.

*

Un presentador de una novela que en sus hiperbólicos comentarios llega a comparar a su autor con el Arcipreste de Hita. Ante semejante despropósito uno llega a comprender el verdadero alcance de la novela.

*

El elogio sin medida no es solo una desmesura, sino una temeridad, por su hiperrealismo.

*

Pantallas y más pantallas, las nuevas ventanas de la realidad con sus editados y precocinados paisajes. La grasienta morbilidad de los cerebros.

*

Un adolescente de setenta años, la cruel caricatura de la juventud.

*

El escritor inane anuncia una tregua en su escritura, la alegría de los defensores de los árboles.

*

Habla de J. L. Borges como un fraile arrobado de la Santísima Trinidad.

*

El perfume de una rosa le lleva a la plenitud de una lejana tarde. El aroma redentor de las viejas floraciones.

*

Pasó el amor a su lado. Ambos se agostaron sin darse cuenta.

*

Ser un tipo humano, no un estereotipo.

*

Entre los amarillos juanramonianos y los azules machadianos, los grises de su infancia.

*

Casa con galería. En venta el olvido, siempre cotiza a la baja.

*

Paseante en el crepúsculo. No cesaba de caminar, en un inútil esfuerzo por desprenderse de sus recuerdos.

*

Lamentablemente, la literatura es un juego de intereses. El temor a los libros resucitados.

*

Guardaba los hilos de las palabras, por si tenía que volver a enhebrarlos al cincel de su escritura.

*

Máxima apócrifa de Maquiavelo. Solo los que renuncian sobreviven.

*

La perversa usurpación de los ricos, la ideología de sus obreros.

*

Sobre Salinger. El hombre que huye de la hipocresía pronto se encuentra cercado por la soledad. ¿Quién soporta el desabrido reflejo de los espejos develadores?

*

El intelectual laureado, látigo o arabesco del cetro del poder.

*

El desabrido abrigo de los conceptos.

*

Solo nos puede salvar la conciencia, y el recto proceder que exigen sus aseveraciones.

*

La clarividencia de la muerte. Aquella luz, diáfana y certera, atravesó la sombra de su corazón.

*

Es la luz la que canta en tu ventana, prisionera de la sombra de tus ojos.

*

La literatura tiene sus espejos y sus contraejemplos.

*

Cada vez encuentra más contraejemplos en las novedades literarias; de ahí el incalculable valor de sus ejemplos.

*

El adulador siempre deja al descubierto las huellas de sus intereses.

*

¿Qué es la "vergüencia"? El sonrojo que a uno le producen los ingenuos espíritus correctores.

*

Detesta las mayúsculas y las letras genuflexas.

*

Medianías mediáticas. El ruido y la furia de los mequetrefes. El lodo acústico que todo lo embarra.

*

Lucidez, lucidez, lucidez. Esa luz que brilla demudada por el silencio.

*

Sobre su impoluta camisa, dándole unas amistosas pal-maditas en la espalda, le dejó una mancha indisimulable. Así de cordiales suelen ser los más funestos detractores.

*

La maldición del ánade. Fuera de las tapas de un libro, su vida zozobra.

*

El poeta babeante ante las albricias de una distinción lite-raria, el poeta mendicante.

*

Los degradados símbolos con los que el poder distingue a sus más gregarios vasallos.

*

Con dos colores se puede pintar el universo entero; con tres, la cuestión cambia.

*

Maestro de nadie, espejo de todos.

*

Discípulo de nadie, reflejo de todos.

*

El campeón. Solo los elogios pueden vencerlo.

*

La ebriedad del triunfador, la borrachera del integrado. La borrachera del perdedor, la ebriedad del disidente.

*

Le preguntan por un conocido escritor coetáneo y él aviesamente responde:
—¡Ah, pero todavía vive! Pensaba que estaba muerto, como su obra.

*

La literatura también tiene sus callejones oscuros, donde los grupos de poetas se transforman en bandas de matones.

*

Novedades literarias. Lo ve venir de lejos, llega con su nuevo libro bajo el brazo. Él repasa su secreta agenda de elogios.

*

Él vive en la oscuridad, su luz golpea a tientas las sombras.

*

Su escritura está trenzada con un material resistente a las usuras del tiempo, por los cedazos del olvido.

*

El inconveniente de los grafómanos es que todo lo embadurnan con sus liviandades, incluso los libros más sustantivos.

*

La creación literaria no puede quedar relegada al subgénero de la autoayuda.

*

La sociedad que premia se fundamenta en el castigo. Cualquier premio, por singular y justificado que sea, siempre es reflejo y símbolo de su indiscriminado castigo.

*

El inconveniente de practicar un arte con desenfrenada pasión se encuentra en las altas pretensiones de quienes lo profesan. Esa hilarante desproporción es la que lleva a sus ejercitadores al patetismo.

*

Escribe para verse en el espejo de su subjetiva objetividad.

*

Games financiero. La tranquilidad moral que producen los números abstractos.

*

Como buen caballo viejo, ya no cocea. Solo busca la redención de unos ojos compasivos.

*

Un mundo extraño en el que nada parece tener sentido. El páramo de las palabras.

*

Juan Ramón, Antonio, Ángel, Alberto... Tejados y aleros donde las golondrinas de antaño prometen de nuevo anidar.

*

Contempla como pasean su soledad. La compañía de los solitarios.

*

Estuvo tan rodeado de talento en su juventud que nunca echó de menos París. El Barrio Latino a veces se ilumina en los lugares más insospechados.

*

Una teoría evolutiva. Un gigante que vivía aprisionado en una caja de zapatos se fue empequeñeciendo, hasta que la caja de zapatos se convirtió en un territorio inabarcable.

*

Cuento metafísico
—¡Esta es la flor más hermosa del mundo! Pero su belleza no llegaría a Dios si no la contemplásemos nosotros.
—¡Pero si tú eres agnóstico!
—Pero Dios no, por eso contempla la belleza a través de nuestros ojos.

*

Extasiado por la belleza del jardín, fue presa fácil para la serpiente.

*

El niño que fuiste y el hombre que eres. La quebrada geografía de una recta.

*

La inmoralista. Ella lo dejó completamente solo, manteniéndose a su lado.

*

El rapto. Comenzó a hacer teatro «para pasar el rato», decía a modo de disculpa a sus amigos; pero entre las sombras de la cuarta pared empezó a sentirse Nuria Expert: «Es cosa del rapto», decía.

*

Detesta la cursilería, la bazofia sentimental.

*

Érase una vez un gigante al que le faltaban los pies de barro.

*

Las murallas de su ego le impedían ver los setos recortados del de los demás.

*

Lo despojaron de todas sus hipérboles y se quedó desnudo.

*

La cripta del encriptado. Tenía una cabaña en el bosque, hecha con los troncos de los frondosos castaños y abedules que la sombreaban. Un buen refugio para dialogar con los árboles, no menos frondosos, de su conciencia.

*

Los grafómanos son los moscardones de los escaparates de las librerías.

*

La novela —como género literario— lo aguanta todo, menos la vulgaridad.

*

Puede que la novela negra sea un subgénero del realismo social, pero no de la escritura.

*

Solo respeta a los escritores que respetan el arte de escribir.

*

No es un escritor, es un profanador de palabras.

*

La banalización del arte siempre conlleva la degradación humana, en su igualación.

*

En defensa de un escritor (I). Otros han transitado este camino con más discernimiento y profundidad, salvo el estilo.

*

En defensa de un escritor (II). ¿De qué sirven las ideas más profundas y los sentimientos más veraces sin los fulgores del estilo?

*

El cursi relamido, relamiéndose con sus obviedades. Los perniciosos dulzores del solipsismo literario.

*

Estado interior. Resuena la mampostería, debe de haber galerna.

*

La poesía pierde sus cualidades cuando se prosa la cosa.

*

Así no es la cosa, tampoco la prosa.

*

Él hablaba con ella de su pasado. Ella hablaba con él de sus sueños y esperanzas. Los dos construyeron un jardincillo en el que siempre florecían los instantes y sobrevolaban los pájaros del ahora.

*

El jardín tenía el aroma sutil de su cuerpo. Sus sombras y luces, los trazos de su piel.

*

El visionario. Pintó a un irrelevante personaje en una de las esquinas del cuadro, como imperceptible clave para interpretar el lienzo. El nombre del cuadro lo dejó a la sabia interpretación de los interpelados.

*

El hijo. Su hijo se convirtió en la llave de su universo. Ahora, en todos los lugares lo reciben como el padre de… y los congregados al escuchar su nombre le muestran su lado más generoso y amable. A veces recuerda los días oscuros, de frío, de miedo e intemperie, y entonces piensa que su hijo tenía que haber nacido mucho antes.

*

Destruyó varias vidas para construir la suya con sólidos cimientos. La argamasa moral del superviviente.

*

El rechazo que le producen los poderosos: los sudores y sufrimientos de sus subordinados.

*

Por aquí pasó la inteligencia; como prueba, las huellas de su estupidez.

*

Un escritor hueco, hecho de hipérboles y de libros invisibles.

*

Él inicia una nueva página de su vida que pronto se llena de borrones de cuentas viejas.

*

La humilde tumba del fiel sirviente. Ella, siempre generosa conmigo, me dejó escapar. Nunca quiso que me inmolase en su pirámide.

*

Una de esas complicadas historias en la que es difícil encontrar un buen principio.

*

El viejo jardinero. Siempre estaba en su secreto jardín cuidando los delicados rosales de su memoria.

*

La sonrisa del verdugo. No te recrees en tus desgracias, todo puede empeorar.

*

Los presentes. Aman hablar en público y recorrer todos los lugares comunes de la literatura. En ello no engañan, son expresión viva de sus libros.

*

Campus belli. Por prevención nunca nombra a sus enemigos, para no olvidarlos.

*

Tenía miedo a los abismos, por eso evitaba asomarse a su interior.

*

No escribió un libro, sino que quiso erigirse un pináculo.

*

J. L. Borges a través de *Menard* declara que «censurar y alabar son operaciones sentimentales que nada tiene que ver con la crítica». Una educada manera de evidenciar los intereses, las inquinas y las maquinaciones personales de quienes ejercen tan escabrosa labor.

*

El laureado. Eso que arde es su vanidad, el fuego que consume su talento.

*

Es un intelectual y no un contorsionista literario.

*

Revilo (II). Tienen el sello inconfundible de los sectarios y el indisimulable tufillo de los escolásticos de cafetería. En los suburbios de la literatura ejercen el matonismo literario.

*

Había sobrevivido a todas las antologías de su tiempo, donde apenas lo mencionaban. Por eso sabía que iba a prevalecer en el olvido.

*

Sus enemigos no perdían ocasión para descabalgarle; y él, descabalgado, volvía a cabalgar.

*

El humor es una bendición cuando su ácido no te quema las manos.

*

El agua erosiona a las piedras, la cursilería a los más nobles ideales.

*

Metamorfosis. Se durmió siendo un niño y se despertó siendo un cuervo.

*

La masa. Es un fanático de la admiración ajena, un peligroso insecto de colmena.

*

No proliferan los escritores, sino los contorsionistas literarios.

*

En el cielo también los ángeles atormentan al más bueno.

*

Trifón Cármenes. Con medio trazo de mi tinta ocre/ deslegitimo a un *Casual* mediocre.

*

Los ricos, con altísimos intereses, venden su arrebatada felicidad a sus naturales poseedores.

*

Uno de esos tipos que caminan echando zancadillas.

*

Los místicos encerrados en los monasterios de Dios. Los visionarios encerrados en los manicomios de los hombres.

*

Estamos *emparaisados* (Milton-Ory).

*

La fijación de los locos por poner camisas de fuerza a los cuerdos.

*

No fechaba sus cartas, las remitía a la eternidad.

*

No existen ángeles descreídos.

*

La perplejidad de las máquinas. Yo soy aquel, dijo aquel señalando equivocadamente.

*

Es alto como una torre inclinada, pisa mal.

*

Los ángeles sin alas son los castrati del cielo.

*

El deseo hecho carne, la carne hecha deseo.

*

Ternario de Carlos Edmundo de Ory: el mar, la eternidad, la nada.

*

La musa de Renoir. «Yo pinto con mi pena», y ella se quedó frustrada.

*

No hay ángeles ancianos. Los querubines no pueden perder la inocencia.

*

Equívoco. Bajo los árboles frutales pensaba en sus frutos.

*

No son forenses, aunque lo parezcan. Son un grupo de poetas enterrando la poesía.

*

Siempre cita a relevantes autores, pero en sus labios sue-
nan a orfebrería barata.

*

Ni dioses ni adioses. Así fue como se conocieron. Ella cruzó
el mar, él su silencio. Desde entonces, nunca hubo más
allá en el universo de sus brazos.

*

La condición humana siempre es condicional.

*

Desengáñese, no habrá eternidad, solo la de su instante.

*

En tu instante el pasado es una invención, la única trans-
cendencia.

*

Sobre la camorra literaria. Es un capo de la poesía espa-
ñola, los poetas besan su anillo solicitando protección ca-
nónica.

*

Un hombre que llega por caminos inexplorados. El laberinto y sus puntos de encuentro.

*

Un escritor siempre busca en sus lectores la confirmación de su permanente contemporaneidad.

*

Se queja de que lo traten como a un escritor de escalafón, después de haber ganado en buena lid tantas canonjías y galardones literarios.

*

Un poeta al que le ungen la testa con los laureles de Apolo por estar en los laureles.

*

No creo en Dios, pero sí en sus poderes sobre la tierra.

*

Nota como el tiempo le muerde los talones. La gloria de Aquiles, su rastro de arena.

*

La estética puede mover a piedad como desalmada arma.

*

Ella vibra ente la puesta de sol. Él solo siente los sombríos presagios del crepúsculo.

*

A solas, en diálogo permanente con la bulliciosa humanidad.

*

Una flor rara, florecida en *Las flores del mal*.

*

No le gustan los honores ni los homenajes, prefiere las secretas alegrías.

*

Nunca quiso los laureles de Apolo, como buen deudor del olvido.

*

Un mundo de monosílabos. La gestualidad del mono.

*

El olvido es como el fuego, un lector apasionado.

*

Tuvo malos apóstoles, apóstatas de su obra y algún que otro Caifás.

*

Su laurel el olvido.

*

Él trabaja la tierra donde hunden sus efímeras raíces las perennes floraciones.

*

La memoria alevosa.

*

Otra vez Robert Walser. Los poetas caminan descalzos por la nieve. La intemperie suele ser la patria más cálida.

*

Un buen final siempre ratifica el comienzo de su historia.

*

—«¿Crees que has vencido?» —le dice la Sibila, tras la cruenta batalla, al general victorioso—, «cualquier camino que sigas te llevará a tu derrota».

*

La cháchara interminable, el diálogo profundo del silencio.

*

Sobre Heráclito. «El carácter es el destino» urdido por el azar.

*

No es una rosa, es un símbolo de la esencia del tiempo. El que en estos momentos se escurre de tus manos.

*

Esa verdad a la que solo se llega por su fermosa cobertura: el envés de la mentira.

*

Las distinciones se deben llevar con la misma discreción con que se sobrellevan las humillaciones.

*

El poeta hueco que se ufana de su oquedad. Apolo invertido, la vanagloria del vacío.

*

Dialogando con Samuel Beckett. Créame, si yo supiera algo esencial de mí con gusto se lo contaría. Pero todo es historia fabulada.

*

Sobre el cráter que dejó la bomba enraizaron unos rosales prodigiosos. La evocación del dolor y la exaltación del olvido.

*

Le formulan la tópica pregunta:
—«¿Y usted qué libro se llevaría a una isla desierta?».
A lo que responde sin dudarlo:
—«*La Odisea*, para salir de esa isla lo antes posible».

*

El durmiente. Quiso abrir un ojo, pero no pudo; desde entonces todos opinan sobre su sueño.

*

Reclama el sitio que te corresponde y la silla que te pertenece.

*

El interlocutor no conforme con la respuesta dada vuelve a la carga, bien provisto de su inagotable arsenal de tópicos literarios.

—«¿Y si tuviera que salvar del fuego un solo libro de una biblioteca en llamas?»

El escritor le responde con desgana:

—«Pues, desde luego, intentaría salvar todos los que pudiera, para que el fuego fuera menos pavoroso.

—«No, no —insiste con terquedad su interlocutor—, solo puede salvar uno.

El escritor, con más resignación que cansancio, vuelve a responderle:

—En ese caso tan excepcional como restrictivo que usted me plantea, cogería el más voluminoso que me saliese al paso, por el mismo motivo.

—«Bien, entonces le haré la pregunta de otra manera —insiste el periodista todavía con cierta esperanza—, ¿y si ante una catástrofe general tuviera que seleccionar un libro que representase a la humanidad? ¿Qué libro elegiría?».

—«Pues ante esa situación apocalíptica que usted me presenta —zanja definitivamente el escritor— no elegiría libro alguno. A la humanidad no la representa un solo libro».

*

Los reconocimientos literarios no se ganan, se consiguen.

*

El manirroto de sueños, expulsado de la realidad.

*

Extranjero de sí mismo, perdido en un recodo de sus pensamientos.

*

¿Quién habita el paraíso desde que el hombre fue desterrado?

*

Un libro que no multiplique sus palabras en la mente del lector, es un libro innecesario.

*

—«Eres una promesa de felicidad —dice el hombre a la mujer que huye de sus brazos—, por eso te recordaré siempre».

*

Un gladiador que ya no quiere luchar más y se deja sucumbir en el combate.

*

Detrás de un luminoso ideal siempre se encuentra la tenebrosidad que lo promueve.

*

El escritor abisma su escritura en sus naufragios.

*

Un poeta que escribe para la eternidad. Sus palabras lo niegan.

*

La eternidad, el subterfugio de los diletantes.

*

En el país de los topos el topógrafo es el rey.

*

Las hazañas de la vejez, los recuerdos de juventud.

*

Su infancia fue como todas las infancias: un ángel sobre-volando el infierno.

*

No hay cenizas en este instante.

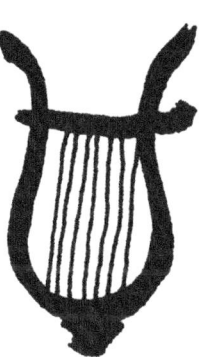